LEGEND:

 Meeting

 Hobby

 Sport

 Health

Name

Phone

E-Mail

2	3	4	5	6	7	8	8	9	10	11	12	13	14

16	17	18	19	20	21	22	23	24	25	26	27	28	29	30	31

1
Wednesday

Celebrate
EVERY SINGLE
Day

Notes
What not to forget, what to remember

2
Thursday

3
Friday

4
Saturday

5
Sunday

MO	TU	WE	TH	FR	SA	SU
		1	2	3	4	5
6	7	8	9	10	11	12
13	14	15	16	17	18	19
20	21	22	23	24	25	26
27	28	29	30	31		

THAT'S *important* **THIS** *week*

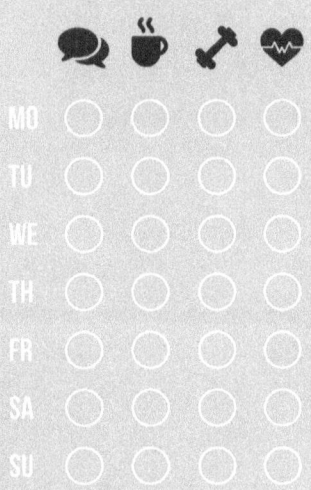

	💬	☕	🏋	❤
MO	○	○	○	○
TU	○	○	○	○
WE	○	○	○	○
TH	○	○	○	○
FR	○	○	○	○
SA	○	○	○	○
SU	○	○	○	○

7
Tuesday

8
Wednesday

y

Notes
What not to forget, what to remember

9
Thursday

10
Friday

11
Saturday

12
Sunday

Jan.
2020

MO	TU	WE	TH	FR	SA	SU
			1	2	3	4	5
6	7	8	9	10	11	12
13	14	15	16	17	18	19
20	21	22	23	24	25	26
27	28	29	30	31		

THAT'S *important* THIS *week*

MO	◯	◯	◯	◯
TU	◯	◯	◯	◯
WE	◯	◯	◯	◯
TH	◯	◯	◯	◯
FR	◯	◯	◯	◯
SA	◯	◯	◯	◯
SU	◯	◯	◯	◯

14
Tuesday

15
Wednesday

Notes

What not to forget, what to remember

16
Thursday

17
Friday

18
Saturday

19
Sunday

Jan.
2020

MO	TU	WE	TH	FR	SA	SU
		1	2	3	4	5
6	7	8	9	10	11	12
13	14	15	16	17	18	19
20	21	22	23	24	25	26
27	28	29	30	31		

THAT'S *important* THIS *week*

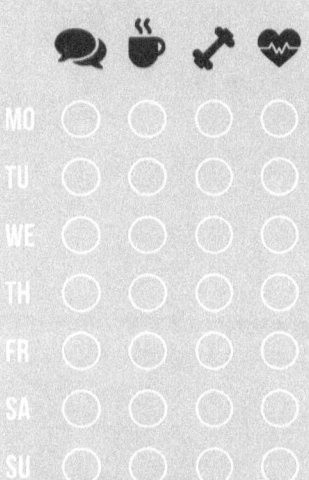

21
Tuesday

22
Wednesday

Notes
What not to forget, what to remember

23
Thursday

24
Friday

25
Saturday

26
Sunday

MO	TU	WE	TH	FR	SA	SU
		1	2	3	4	5
6	7	8	9	10	11	12
13	14	15	16	17	18	19
20	21	22	23	24	25	26
27	28	29	30	31		

THAT'S *important* THIS *week*

MO
TU
WE
TH
FR
SA
SU

28
Tuesday

29
Wednesday

Notes
What not to forget, what to remember

30
Thursday

31
Friday

Jan.
2020

MO	TU	WE	TH	FR	SA	SU
		1	2	3	4	5
6	7	8	9	10	11	12
13	14	15	16	17	18	19
20	21	22	23	24	25	26
27	28	29	30	31		

THAT'S *important* THIS *week*

Go on

MO	○	○	○	○
TU	○	○	○	○
WE	○	○	○	○
TH	○	○	○	○
FR	○	○	○	○
SA	○	○	○	○
SU	○	○	○	○

Hello
February

FOR A GREAT MONTH

Notes
What not to forget, what to remember

Feb.
2020

MO	TU	WE	TH	FR	SA	SU
					1	2
3	4	5	6	7	8	9
10	11	12	13	14	15	16
17	18	19	20	21	22	23
24	25	26	27	28	29	

THAT'S *important* THIS *week*

_____

_____

_____

	💬	☕	🏋️	💓
MO	○	○	○	○
TU	○	○	○	○
WE	○	○	○	○
TH	○	○	○	○
FR	○	○	○	○
SA	○	○	○	○
SU	○	○	○	○

1
Saturday

2
Sunday

4
Tuesday

5
Wednesday

Notes
What not to forget, what to remember

6
Thursday

7
Friday

8
Saturday

9
Sunday

MO	TU	WE	TH	FR	SA	SU
					1	2
3	4	5	6	7	8	9
10	11	12	13	14	15	16
17	18	19	20	21	22	23
24	25	26	27	28	29	

THAT'S *important* THIS *week*

MO	◯	◯	◯	◯
TU	◯	◯	◯	◯
WE	◯	◯	◯	◯
TH	◯	◯	◯	◯
FR	◯	◯	◯	◯
SA	◯	◯	◯	◯
SU	◯	◯	◯	◯

11
Tuesday

12
Wednesday

Notes
What not to forget, what to remember

13
Thursday

14
Friday

15
Saturday

16
Sunday

MO	TU	WE	TH	FR	SA	SU
					1	2
3	4	5	6	7	8	9
10	11	12	13	14	15	16
17	18	19	20	21	22	23
24	25	26	27	28	29	

THAT'S *important* THIS *week*

18
Tuesday

19
Wednesday

y

Notes
What not to forget, what to remember

20
Thursday

21
Friday

22
Saturday

23
Sunday

MO	TU	WE	TH	FR	SA	SU
					1	2
3	4	5	6	7	8	9
10	11	12	13	14	15	16
17	18	19	20	21	22	23
24	25	26	27	28	29	

THAT'S *important* THIS *week*

MO	○	○	○	○
TU	○	○	○	○
WE	○	○	○	○
TH	○	○	○	○
FR	○	○	○	○
SA	○	○	○	○
SU	○	○	○	○

25
Tuesday

26
Wednesday

Notes
What not to forget, what to remember

27
Thursday

28
Friday

29
Saturday

MO	TU	WE	TH	FR	SA	SU
					1	2
3	4	5	6	7	8	9
10	11	12	13	14	15	16
17	18	19	20	21	22	23
24	25	26	27	28	29	

THAT'S *important* THIS *week*

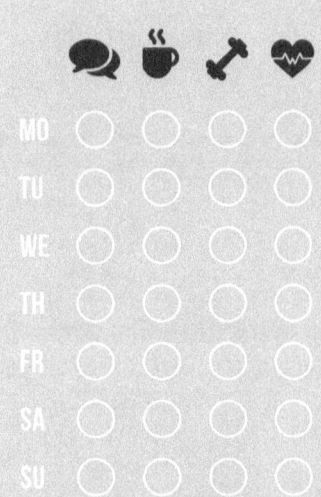

	💬	☕	🏋	❤
MO	○	○	○	○
TU	○	○	○	○
WE	○	○	○	○
TH	○	○	○	○
FR	○	○	○	○
SA	○	○	○	○
SU	○	○	○	○

Time for Now!

LET THE MOMENTS HAVE THEIR SPACE.

Notes
What not to forget, what to remember

March

MO	TU	WE	TH	FR	SA	SU
						1
2	3	4	5	6	7	8
9	10	11	12	13	14	15
16	17	18	19	20	21	22
23	24	25	26	27	28	29
30	31					

THAT'S *important* THIS *week*

_____

_____

_____

_____

	💬	☕	🏋	💓
MO	○	○	○	○
TU	○	○	○	○
WE	○	○	○	○
TH	○	○	○	○
FR	○	○	○	○
SA	○	○	○	○
SU	○	○	○	○

1
Sunday

y

3
Tuesday

4
Wednesday

Notes
What not to forget, what to remember

5
Thursday

6
Friday

7
Saturday

8
Sunday

MO	TU	WE	TH	FR	SA	SU
						1
2	3	4	5	6	7	8
9	10	11	12	13	14	15
16	17	18	19	20	21	22
23	24	25	26	27	28	29
30	31					

THAT'S *important* THIS *week*

	💬	☕	🏋	💓
MO	○	○	○	○
TU	○	○	○	○
WE	○	○	○	○
TH	○	○	○	○
FR	○	○	○	○
SA	○	○	○	○
SU	○	○	○	○

y

10
Tuesday

11
Wednesday

Notes
What not to forget, what to remember

March

MO	TU	WE	TH	FR	SA	SU
						1
2	3	4	5	6	7	8
9	10	11	12	13	14	15
16	17	18	19	20	21	22
23	24	25	26	27	28	29
30	31					

THAT'S *important* THIS *week*

	💬	☕	🏋	❤
MO	◯	◯	◯	◯
TU	◯	◯	◯	◯
WE	◯	◯	◯	◯
TH	◯	◯	◯	◯
FR	◯	◯	◯	◯
SA	◯	◯	◯	◯
SU	◯	◯	◯	◯

17
Tuesday

18
Wednesday

Notes
What not to forget, what to remember

19
Thursday

20
Friday

21
Saturday

22
Sunday

March
2020

MO	TU	WE	TH	FR	SA	SU
						1
2	3	4	5	6	7	8
9	10	11	12	13	14	15
16	17	18	19	20	21	22
23	24	25	26	27	28	29
30	31					

THAT'S *important* THIS *week*

MO	○	○	○	○
TU	○	○	○	○
WE	○	○	○	○
TH	○	○	○	○
FR	○	○	○	○
SA	○	○	○	○
SU	○	○	○	○

3
ay

24
Tuesday

25
Wednesday

Notes
What not to forget, what to remember

26
Thursday

27
Friday

March
2020

MO	TU	WE	TH	FR	SA	SU
						1
2	3	4	5	6	7	8
9	10	11	12	13	14	15
16	17	18	19	20	21	22
23	24	25	26	27	28	29
30	31					

THAT'S *important* THIS *week*

28
Saturday

29
Sunday

	💬	☕	🏋	💓
MO	○	○	○	○
TU	○	○	○	○
WE	○	○	○	○
TH	○	○	○	○
FR	○	○	○	○
SA	○	○	○	○
SU	○	○	○	○

31
Tuesday

Notes
What not to forget, what to remember

March

MO	TU	WE	TH	FR	SA	SU
						1
2	3	4	5	6	7	8
9	10	11	12	13	14	15
16	17	18	19	20	21	22
23	24	25	26	27	28	29
30	31					

THAT'S *important* THIS *week*

Look back:
DID APRIL DO WHAT YOU WANT?

	💬	☕	🏋	💗
MO	○	○	○	○
TU	○	○	○	○
WE	○	○	○	○
TH	○	○	○	○
FR	○	○	○	○
SA	○	○	○	○
SU	○	○	○	○

Now,

April

DING! THIS WILL
YOUR MONTH!

1

Notes
What not to forget, what to remember

2
Thursday

3
Friday

4
Saturday

5
Sunday

Apr.
2020

MO	TU	WE	TH	FR	SA	SU
		1	2	3	4	5
6	7	8	9	10	11	12
13	14	15	16	17	18	19
20	21	22	23	24	25	26
27	28	29	30			

THAT'S *important* THIS *week*

MO
TU
WE
TH
FR
SA
SU

ay

7
Tuesday

8
Wednesday

Notes
What not to forget, what to remember

9
Thursday

10
Friday

MO	TU	WE	TH	FR	SA	SU
		1	2	3	4	5
6	7	8	9	10	11	12
13	14	15	16	17	18	19
20	21	22	23	24	25	26
27	28	29	30			

THAT'S *important* THIS *week*

11
Saturday

12
Sunday

	💬	☕	🏋	💓
MO	◯	◯	◯	◯
TU	◯	◯	◯	◯
WE	◯	◯	◯	◯
TH	◯	◯	◯	◯
FR	◯	◯	◯	◯
SA	◯	◯	◯	◯
SU	◯	◯	◯	◯

Notes
What not to forget, what to remember

16
Thursday

17
Friday

18
Saturday

19
Sunday

MO	TU	WE	TH	FR	SA	SU
	1	2	3	4	5	
6	7	8	9	10	11	12
13	14	15	16	17	18	19
20	21	22	23	24	25	26
27	28	29	30			

THAT'S *important* **THIS** *week*

MO	○	○	○	○
TU	○	○	○	○
WE	○	○	○	○
TH	○	○	○	○
FR	○	○	○	○
SA	○	○	○	○
SU	○	○	○	○

ay

21
Tuesday

22
Wednesday

Notes
What not to forget, what to remember

23
Thursday

24
Friday

MO	TU	WE	TH	FR	SA	SU
		1	2	3	4	5
6	7	8	9	10	11	12
13	14	15	16	17	18	19
20	21	22	23	24	25	26
27	28	29	30			

THAT'S *important* THIS *week*

25
Saturday

26
Sunday

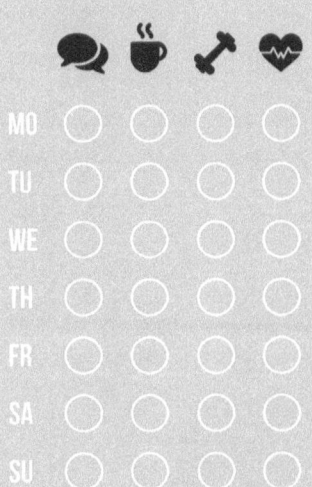

MO	○	○	○	○
TU	○	○	○	○
WE	○	○	○	○
TH	○	○	○	○
FR	○	○	○	○
SA	○	○	○	○
SU	○	○	○	○

28
Tuesday

29
Wednesday

Notes

What not to forget, what to remember

30
Thursday

MO	TU	WE	TH	FR	SA	SU
	1	2	3	4	5	
6	7	8	9	10	11	12
13	14	15	16	17	18	19
20	21	22	23	24	25	26
27	28	29	30			

THAT'S *important* THIS *week*

MO	○	○	○	○
TU	○	○	○	○
WE	○	○	○	○
TH	○	○	○	○
FR	○	○	○	○
SA	○	○	○	○
SU	○	○	○	○

A NEW START AT EACH END...
SIMPLY CONTINUE..

May

EVERY SINGLE CALENDAR PAGE A NEW CHANCE ...

Use it!

Notes
What not to forget, what to remember

_____
_____
_____
_____
_____
_____
_____

1
Friday

May
2020

MO	TU	WE	TH	FR	SA	SU
				1	2	3
4	5	6	7	8	9	10
11	12	13	14	15	16	17
18	19	20	21	22	23	24
25	26	27	28	29	30	31

THAT'S *important* THIS *week*

2
Saturday

3
Sunday

ay

5
Tuesday

6
Wednesday

Notes
What not to forget, what to remember

7
Thursday

8
Friday

MO	TU	WE	TH	FR	SA	SU
				1	2	3
4	5	6	7	8	9	10
11	12	13	14	15	16	17
18	19	20	21	22	23	24
25	26	27	28	29	30	31

THAT'S *important* THIS *week*

9
Saturday

10
Sunday

MO	○	○	○	○
TU	○	○	○	○
WE	○	○	○	○
TH	○	○	○	○
FR	○	○	○	○
SA	○	○	○	○
SU	○	○	○	○

12
Tuesday

13
Wednesday

Notes
What not to forget, what to remember

14
Thursday

15
Friday

16
Saturday

17
Sunday

MO	TU	WE	TH	FR	SA	SU
				1	2	3
4	5	6	7	8	9	10
11	12	13	14	15	16	17
18	19	20	21	22	23	24
25	26	27	28	29	30	31

THAT'S *important* THIS *week*

	💬	☕	🏋	💓
MO	○	○	○	○
TU	○	○	○	○
WE	○	○	○	○
TH	○	○	○	○
FR	○	○	○	○
SA	○	○	○	○
SU	○	○	○	○

3
ay

19
Tuesday

20
Wednesday

Notes
What not to forget, what to remember

21
Thursday

22
Friday

23
Saturday

24
Sunday

MO	TU	WE	TH	FR	SA	SU
				1	2	3
4	5	6	7	8	9	10
11	12	13	14	15	16	17
18	19	20	21	22	23	24
25	26	27	28	29	30	31

THAT'S *important* THIS *week*

MO	○	○	○	○
TU	○	○	○	○
WE	○	○	○	○
TH	○	○	○	○
FR	○	○	○	○
SA	○	○	○	○
SU	○	○	○	○

5
ay

26
Tuesday

27
Wednesday

Notes
What not to forget, what to remember

28
Thursday

29
Friday

MO	TU	WE	TH	FR	SA	SU
				1	2	3
4	5	6	7	8	**9**	10
11	12	13	14	15	16	17
18	19	20	21	22	23	24
25	26	27	28	29	30	31

THAT'S *important* THIS *week*

30
Saturday

31
Sunday

	💬	☕	🏋	💓
MO	◯	◯	◯	◯
TU	◯	◯	◯	◯
WE	◯	◯	◯	◯
TH	◯	◯	◯	◯
FR	◯	◯	◯	◯
SA	◯	◯	◯	◯
SU	◯	◯	◯	◯

ay

2
Tuesday

3
Wednesday

Notes
What not to forget, what to remember

4
Thursday

5
Friday

6
Saturday

7
Sunday

MO	TU	WE	TH	FR	SA	SU
1	2	3	4	5	6	7
8	9	10	11	12	13	14
15	16	17	18	19	20	21
22	23	24	25	26	27	28
29	30					

THAT'S *important* THIS *week*

MO

TU

WE

TH

FR

SA

SU

ay

9
Tuesday

10
Wednesday

Notes
What not to forget, what to remember

11
Thursday

12
Friday

13
Saturday

14
Sunday

MO	TU	WE	TH	FR	SA	SU
1	2	3	4	5	6	7
8	9	10	11	12	13	14
15	16	17	18	19	20	21
22	23	24	25	26	27	28
29	30					

THAT'S *important* THIS *week*

MO	○	○	○	○
TU	○	○	○	○
WE	○	○	○	○
TH	○	○	○	○
FR	○	○	○	○
SA	○	○	○	○
SU	○	○	○	○

Notes
What not to forget, what to remember

18
Thursday

19
Friday

20
Saturday

21
Sunday

Jun.
2020

MO	TU	WE	TH	FR	SA	SU
1	2	3	4	5	6	7
8	9	10	11	12	13	14
15	16	17	18	19	20	21
22	23	24	25	26	27	28
29	30					

THAT'S *important* THIS *week*

MO	○	○	○	○
TU	○	○	○	○
WE	○	○	○	○
TH	○	○	○	○
FR	○	○	○	○
SA	○	○	○	○
SU	○	○	○	○

2
ay

23
Tuesday

24
Wednesday

Notes
What not to forget, what to remember

25
Thursday

26
Friday

27
Saturday

28
Sunday

Jun.
2020

MO	TU	WE	TH	FR	SA	SU
1	2	3	4	5	6	7
8	9	10	11	12	13	14
15	16	17	18	19	20	21
22	23	24	25	26	27	28
29	30					

THAT'S *important*
THIS *week*

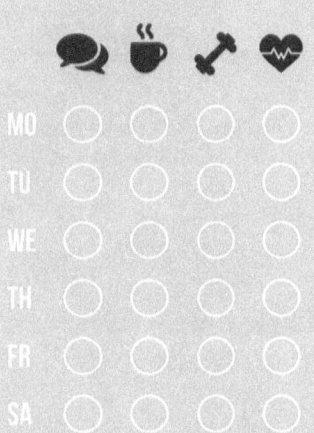

MO	○	○	○	○
TU	○	○	○	○
WE	○	○	○	○
TH	○	○	○	○
FR	○	○	○	○
SA	○	○	○	○
SU	○	○	○	○

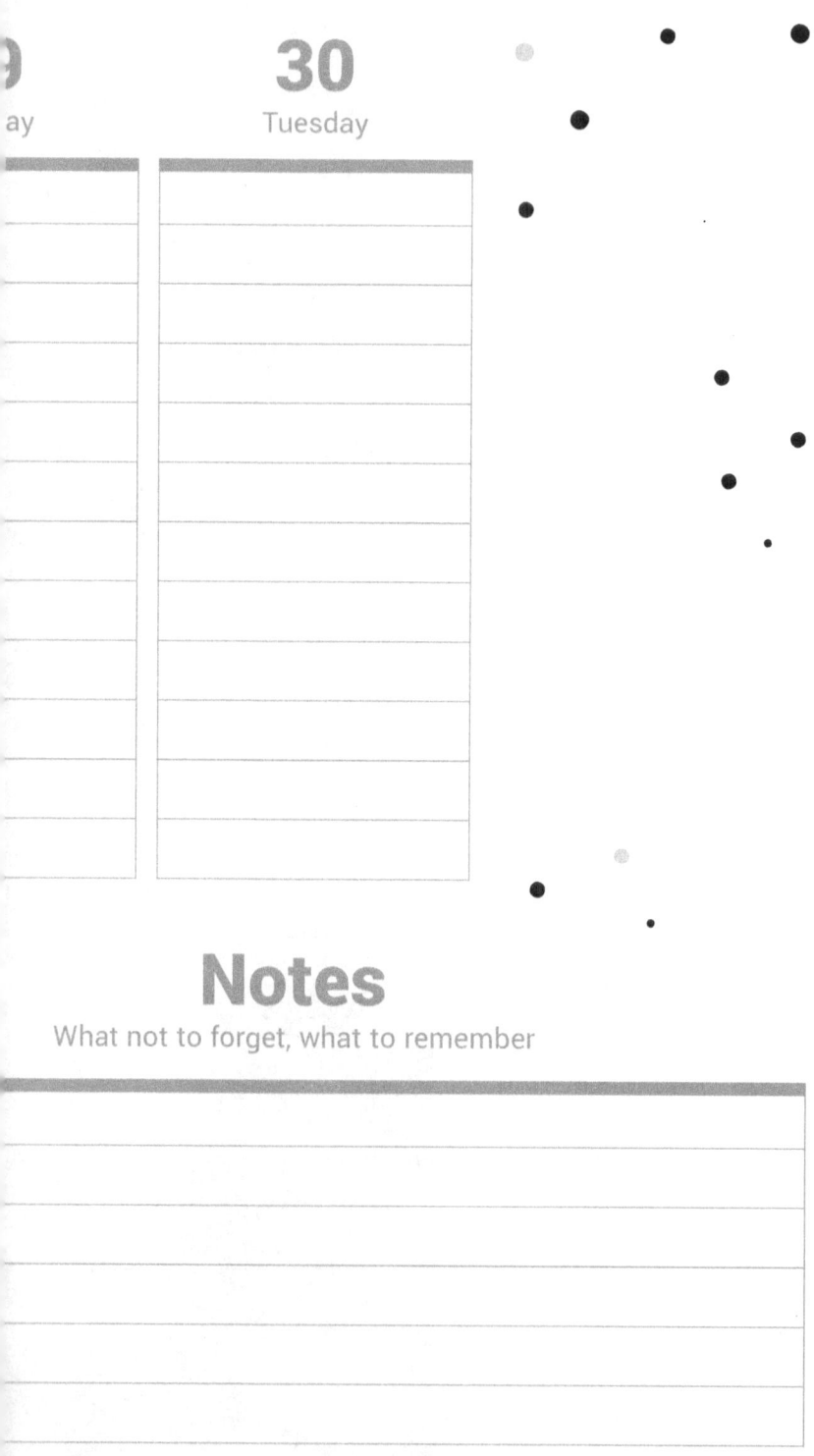

9

30
ay Tuesday

Notes
What not to forget, what to remember

Jun.
2020

MO	TU	WE	TH	FR	SA	SU
1	2	3	4	5	6	7
8	9	10	11	12	13	14
15	16	17	18	19	20	21
22	23	24	25	26	27	28
29	30					

THAT'S *important* **THIS** *week*

_____

_____

_____

If you
NOOZE,
you lose!

MO	◯	◯	◯	◯
TU	◯	◯	◯	◯
WE	◯	◯	◯	◯
TH	◯	◯	◯	◯
FR	◯	◯	◯	◯
SA	◯	◯	◯	◯
SU	◯	◯	◯	◯

cheerful

LLO SUNSHINE!"

arting in
July,

1
Wednesday

Notes
What not to forget, what to remember

2
Thursday

3
Friday

4
Saturday

5
Sunday

MO	TU	MI	TH	FR	SA	SU
		1	2	3	4	5
6	7	8	9	10	11	12
13	14	15	16	17	18	19
20	21	22	23	24	25	26
27	28	29	30	31		

THAT'S *important* THIS *week*

MO	○	○	○	○
TU	○	○	○	○
MI	○	○	○	○
TH	○	○	○	○
FR	○	○	○	○
SA	○	○	○	○
SU	○	○	○	○

ay

7
Tuesday

8
Wednesday

Notes
What not to forget, what to remember

9
Thursday

10
Friday

MO	TU	MI	TH	FR	SA	SU
		1	2	3	4	5
6	7	8	9	10	11	12
13	14	15	16	17	18	19
20	21	22	23	24	25	26
27	28	29	30	31		

THAT'S *important*
THIS *week*

11
Saturday

12
Sunday

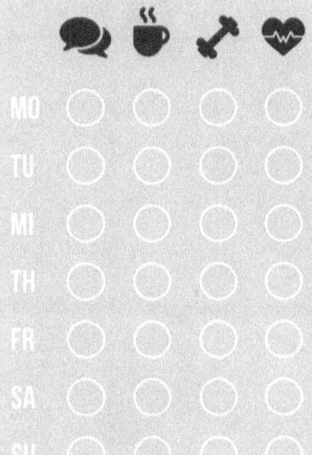

14
Tuesday

15
Wednesday

Notes
What not to forget, what to remember

16
Thursday

17
Friday

18
Saturday

19
Sunday

MO	TU	MI	TH	FR	SA	SU
		1	2	3	4	5
6	7	8	9	10	11	12
13	14	15	16	17	18	19
20	21	22	23	24	25	26
27	28	29	30	31		

THAT'S *important*
THIS *week*

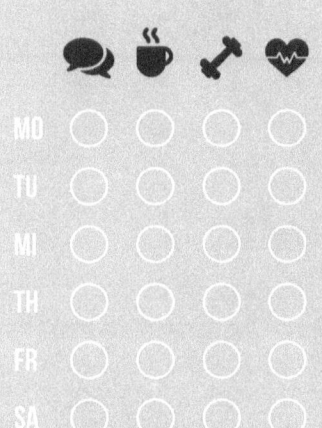

MO	◯	◯	◯	◯
TU	◯	◯	◯	◯
MI	◯	◯	◯	◯
TH	◯	◯	◯	◯
FR	◯	◯	◯	◯
SA	◯	◯	◯	◯
SU	◯	◯	◯	◯

ay

Notes

What not to forget, what to remember

23
Thursday

24
Friday

25
Saturday

26
Sunday

Jul.
2020

MO	TU	MI	TH	FR	SA	SU
		1	2	3	4	5
6	7	8	9	10	11	12
13	14	15	16	17	18	19
20	21	22	23	24	25	26
27	28	29	30	31		

THAT'S *important* THIS *week*

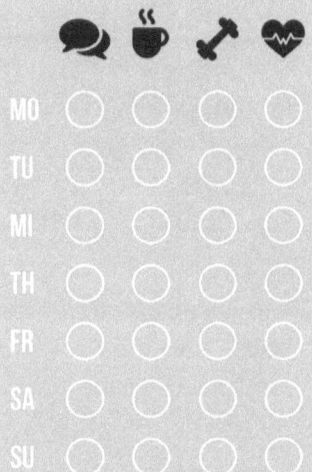

| | MO | TU | MI | TH | FR | SA | SU |

ay

Notes

What not to forget, what to remember

30
Thursday

31
Friday

MO	TU	MI	TH	FR	SA	SU
		1	2	3	4	5
6	7	8	9	10	11	12
13	14	15	16	17	18	19
20	21	22	23	24	25	26
27	28	29	30	31		

THAT'S *important* THIS *week*

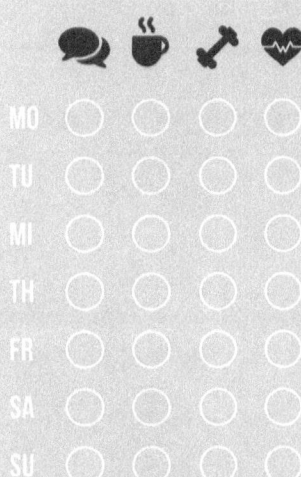

MO	○	○	○	○
TU	○	○	○	○
MI	○	○	○	○
TH	○	○	○	○
FR	○	○	○	○
SA	○	○	○	○
SU	○	○	○	○

High Life

DAY AFTER DAY

Hey! August

Midsummer Time!

THIS MONTH MAKES YOU SHINE

Notes
What not to forget, what to remember

SUMMER TIME!

MO	TU	WE	TH	FR	SA	SU
					1	2
3	4	5	6	7	8	9
10	11	12	13	14	15	16
17	18	19	20	21	22	23
24	25	26	27	28	29	30
31						

THAT'S *important* THIS *week*

1
Saturday

2
Sunday

MO	○	○	○	○
TU	○	○	○	○
WE	○	○	○	○
TH	○	○	○	○
FR	○	○	○	○
SA	○	○	○	○
SU	○	○	○	○

ay

4
Tuesday

5
Wednesday

Notes
What not to forget, what to remember

6
Thursday

7
Friday

8
Saturday

9
Sunday

MO	TU	WE	TH	FR	SA	SU
					1	2
3	4	5	6	7	8	9
10	11	12	13	14	15	16
17	18	19	20	21	22	23
24	25	26	27	28	29	30
31						

THAT'S *important*
THIS *week*

MO	○	○	○	○
TU	○	○	○	○
WE	○	○	○	○
TH	○	○	○	○
FR	○	○	○	○
SA	○	○	○	○
SU	○	○	○	○

11

Tuesday

12

Wednesday

Notes

What not to forget, what to remember

13
Thursday

14
Friday

MO	TU	WE	TH	FR	SA	SU
					1	2
3	4	5	6	7	8	9
10	11	12	13	14	15	16
17	18	19	20	21	22	23
24	25	26	27	28	29	30
31						

THAT'S *important* THIS *week*

15
Saturday

16
Sunday

	💬	☕	🏋	❤
MO	○	○	○	○
TU	○	○	○	○
WE	○	○	○	○
TH	○	○	○	○
FR	○	○	○	○
SA	○	○	○	○
SU	○	○	○	○

Notes

What not to forget, what to remember

20
Thursday

21
Friday

MO	TU	WE	TH	FR	SA	SU
					1	2
3	4	5	6	7	8	9
10	11	12	13	14	15	16
17	18	19	20	21	22	23
24	25	26	27	28	29	30
31						

THAT'S *important* THIS *week*

22
Saturday

23
Sunday

	💬	☕	🏋	💓
MO	○	○	○	○
TU	○	○	○	○
WE	○	○	○	○
TH	○	○	○	○
FR	○	○	○	○
SA	○	○	○	○
SU	○	○	○	○

	25 Tuesday	**26** Wednesday
ay		

Notes
What not to forget, what to remember

27
Thursday

28
Friday

29
Saturday

30
Sunday

Aug.
2020

MO	TU	WE	TH	FR	SA	SU
					1	2
3	4	5	6	7	8	9
10	11	12	13	14	15	16
17	18	19	20	21	22	23
24	25	26	27	28	29	30
31						

THAT'S *important* **THIS** *week*

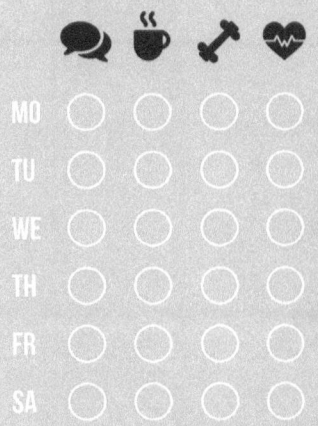

MO	○	○	○	○
TU	○	○	○	○
WE	○	○	○	○
TH	○	○	○	○
FR	○	○	○	○
SA	○	○	○	○
SU	○	○	○	○

ay

Notes

What not to forget, what to remember

Aug.
2020

MO	TU	WE	TH	FR	SA	SU
					1	2
3	4	5	6	7	8	9
10	11	12	13	14	15	16
17	18	19	20	21	22	23
24	25	26	27	28	29	30
31						

THAT'S *important* THIS *week*

SUNFILLED AND FULL OF ENERGY YOU SET OFF TO THE

September!

MO	○	○	○	○
TU	○	○	○	○
WE	○	○	○	○
TH	○	○	○	○
FR	○	○	○	○
SA	○	○	○	○
SU	○	○	○	○

1
Tuesday

2
Wednesday

Notes
What not to forget, what to remember

3
Thursday

4
Friday

5
Saturday

6
Sunday

MO	TU	WE	TH	FR	SA	SU
	1	2	3	4	5	6
7	8	9	10	11	12	13
14	15	16	17	18	19	20
21	22	23	24	25	26	27
28	29	30				

THAT'S *important*
THIS *week*

MO
TU
WE
TH
FR
SA
SU

ay

8
Tuesday

9
Wednesday

Notes
What not to forget, what to remember

10
Thursday

11
Friday

12
Saturday

13
Sunday

MO	TU	WE	TH	FR	SA	SU
	1	2	3	4	5	6
7	8	9	10	11	12	13
14	15	16	17	18	19	20
21	22	23	24	25	26	27
28	29	30				

THAT'S *important* THIS *week*

MO	○	○	○	○
TU	○	○	○	○
WE	○	○	○	○
TH	○	○	○	○
FR	○	○	○	○
SA	○	○	○	○
SU	○	○	○	○

15
Tuesday

16
Wednesday

ay

Notes
What not to forget, what to remember

17
Thursday

18
Friday

Sept.
2020

MO	TU	WE	TH	FR	SA	SU
	1	2	3	4	5	6
7	8	9	10	11	12	13
14	15	16	17	18	19	20
21	22	23	24	25	26	27
28	29	30				

THAT'S *important* THIS *week*

19
Saturday

20
Sunday

MO	○	○	○	○
TU	○	○	○	○
WE	○	○	○	○
TH	○	○	○	○
FR	○	○	○	○
SA	○	○	○	○
SU	○	○	○	○

ay

22
Tuesday

23
Wednesday

Notes
What not to forget, what to remember

24
Thursday

25
Friday

MO	TU	WE	TH	FR	SA	SU
	1	2	3	4	5	6
7	8	9	10	11	12	13
14	15	16	17	18	19	20
21	22	23	24	25	26	27
28	29	30				

THAT'S *important* THIS *week*

26
Saturday

27
Sunday

	💬	☕	🏋	💓
MO	○	○	○	○
TU	○	○	○	○
WE	○	○	○	○
TH	○	○	○	○
FR	○	○	○	○
SA	○	○	○	○
SU	○	○	○	○

29
Tuesday

30
Wednesday

ay

Notes
What not to forget, what to remember

Come On!

WHERE'S A WILL,
THERE'S A WAY.

MO	TU	WE	TH	FR	SA	SU
	1	2	3	4	5	6
7	8	9	10	11	12	13
14	15	16	17	18	19	20
21	22	23	24	25	26	27
28	29	30				

THAT'S *important* THIS *week*

_____

_____

_____

_____

FE IS A JOURNEY,

not a destination!

Notes
What not to forget, what to remember

1
Thursday

2
Friday

3
Saturday

4
Sunday

Oct.
2020

MO	TU	WE	TH	FR	SA	SU
			1	2	3	4
5	6	7	8	9	10	11
12	13	14	15	16	17	18
19	20	21	22	23	24	25
26	27	28	29	30	31	

THAT'S *important* **THIS** *week*

MO	○	○	○	○
TU	○	○	○	○
WE	○	○	○	○
TH	○	○	○	○
FR	○	○	○	○
SA	○	○	○	○
SU	○	○	○	○

ay

6
Tuesday

7
Wednesday

Notes
What not to forget, what to remember

8
Thursday

9
Friday

10
Saturday

11
Sunday

MO	TU	WE	TH	FR	SA	SU
			1	2	3	4
5	6	7	8	9	10	11
12	13	14	15	16	17	18
19	20	21	22	23	24	25
26	27	28	29	30	31	

THAT'S *important* THIS *week*

MO
TU
WE
TH
FR
SA
SU

2
ay

13
Tuesday

14
Wednesday

Notes
What not to forget, what to remember

15
Thursday

16
Friday

17
Saturday

18
Sunday

Oct.
2020

MO	TU	WE	TH	FR	SA	SU
			1	2	3	4
5	6	7	8	9	10	11
12	13	14	15	16	17	18
19	20	21	22	23	24	25
26	27	28	29	30	31	

THAT'S *important* THIS *week*

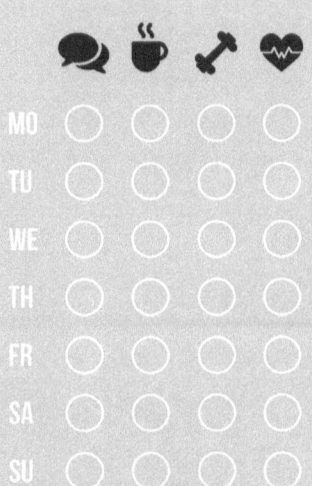

MO	○	○	○	○
TU	○	○	○	○
WE	○	○	○	○
TH	○	○	○	○
FR	○	○	○	○
SA	○	○	○	○
SU	○	○	○	○

Notes

What not to forget, what to remember

22
Thursday

23
Friday

24
Saturday

25
Sunday

MO	TU	WE	TH	FR	SA	SU
			1	2	3	4
5	6	7	8	9	10	11
12	13	14	15	16	17	18
19	20	21	22	23	24	25
26	27	28	29	30	31	

THAT'S *important* THIS *week*

	○	○	○	○
MO	○	○	○	○
TU	○	○	○	○
WE	○	○	○	○
TH	○	○	○	○
FR	○	○	○	○
SA	○	○	○	○
SU	○	○	○	○

27
Tuesday

28
Wednesday

ay

Notes
What not to forget, what to remember

29
Thursday

30
Friday

31
Saturday

MO	TU	WE	TH	FR	SA	SU
			1	2	3	4
5	6	7	8	9	10	11
12	13	14	15	16	17	18
19	20	21	22	23	24	25
26	27	28	29	30	31	

THAT'S *important* THIS *week*

MO	○	○	○	○
TU	○	○	○	○
WE	○	○	○	○
TH	○	○	○	○
FR	○	○	○	○
SA	○	○	○	○
SU	○	○	○	○

NOVEMBER

Be cool!

E END OF THE YEAR IS APPROACHING - STEP ON THE GAS AGAIN.

Notes

What not to forget, what to remember

Nov.
2020

MO	TU	WE	TH	FR	SA	SU
						1
2	3	4	5	6	7	8
9	10	11	12	13	14	15
16	17	18	19	20	21	22
23	24	25	26	27	28	29
30						

THAT'S *important* THIS *week*

_____

_____

_____

_____

MO	○	○	○	○
TU	○	○	○	○
WE	○	○	○	○
TH	○	○	○	○
FR	○	○	○	○
SA	○	○	○	○
SU	○	○	○	○

1
Sunday

ay

3
Tuesday

4
Wednesday

Notes
What not to forget, what to remember

5
Thursday

6
Friday

MO	TU	WE	TH	FR	SA	SU
						1
2	3	4	5	6	7	8
9	10	11	12	13	14	15
16	17	18	19	20	21	22
23	24	25	26	27	28	29
30						

THAT'S *important* THIS *week*

7
Saturday

8
Sunday

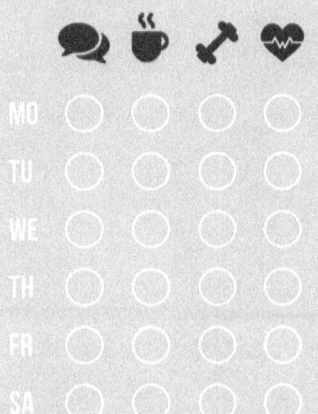

MO	◯	◯	◯	◯
TU	◯	◯	◯	◯
WE	◯	◯	◯	◯
TH	◯	◯	◯	◯
FR	◯	◯	◯	◯
SA	◯	◯	◯	◯
SU	◯	◯	◯	◯

ay

10
Tuesday

11
Wednesday

Notes
What not to forget, what to remember

12
Thursday

13
Friday

14
Saturday

15
Sunday

MO	TU	WE	TH	FR	SA	SU
						1
2	3	4	5	6	7	8
9	10	11	12	13	14	15
16	17	18	19	20	21	22
23	24	25	26	27	28	29
30						

THAT'S *important*
THIS *week*

	💬	☕	🏋	❤
MO	○	○	○	○
TU	○	○	○	○
WE	○	○	○	○
TH	○	○	○	○
FR	○	○	○	○
SA	○	○	○	○
SU	○	○	○	○

17
Tuesday

18
Wednesday

ay

Notes
What not to forget, what to remember

19
Thursday

20
Friday

21
Saturday

22
Sunday

MO	TU	WE	TH	FR	SA	SU
						1
2	3	4	5	6	7	8
9	10	11	12	13	14	15
16	17	18	19	20	21	22
23	24	25	26	27	28	29
30						

THAT'S *important* THIS *week*

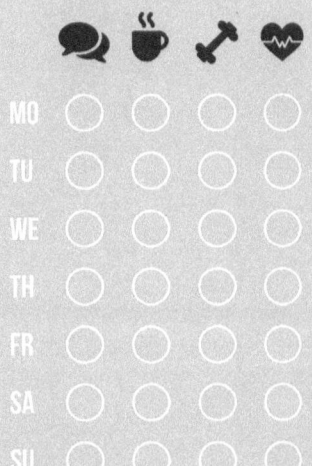

	💬	☕	🏋	💓
MO	○	○	○	○
TU	○	○	○	○
WE	○	○	○	○
TH	○	○	○	○
FR	○	○	○	○
SA	○	○	○	○
SU	○	○	○	○

3

ay

24
Tuesday

25
Wednesday

Notes
What not to forget, what to remember

26
Thursday

27
Friday

MO	TU	WE	TH	FR	SA	SU
						1
2	3	4	5	6	7	8
9	10	11	12	13	14	15
16	17	18	19	20	21	22
23	24	25	26	27	28	29
30						

THAT'S *important*
THIS *week*

28
Saturday

29
Sunday

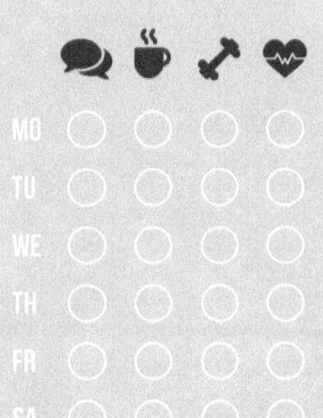

MO	◯	◯	◯	◯
TU	◯	◯	◯	◯
WE	◯	◯	◯	◯
TH	◯	◯	◯	◯
FR	◯	◯	◯	◯
SA	◯	◯	◯	◯
SU	◯	◯	◯	◯

1
Tuesday

2
Wednesday

Notes
What not to forget, what to remember

3
Thursday

4
Friday

5
Saturday

6
Sunday

MO	TU	WE	TH	FR	SA	SU
	1	2	3	4	5	6
7	8	9	10	11	12	13
14	15	16	17	18	19	20
21	22	23	24	25	26	27
28	29	30	31			

THAT'S *important* THIS *week*

MO	○	○	○	○
TU	○	○	○	○
WE	○	○	○	○
TH	○	○	○	○
FR	○	○	○	○
SA	○	○	○	○
SU	○	○	○	○

ay

8
Tuesday

9
Wednesday

Notes
What not to forget, what to remember

10
Thursday

11
Friday

12
Saturday

13
Sunday

MO	TU	WE	TH	FR	SA	SU
	1	2	3	4	5	6
7	8	9	10	11	12	13
14	15	16	17	18	19	20
21	22	23	24	25	26	27
28	29	30	31			

THAT'S *important*
THIS *week*

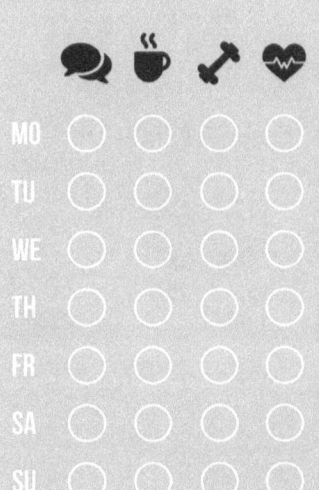

MO	◯	◯	◯	◯
TU	◯	◯	◯	◯
WE	◯	◯	◯	◯
TH	◯	◯	◯	◯
FR	◯	◯	◯	◯
SA	◯	◯	◯	◯
SU	◯	◯	◯	◯

ay

15
Tuesday

16
Wednesday

Notes
What not to forget, what to remember

17
Thursday

18
Friday

MO	TU	WE	TH	FR	SA	SU
	1	2	3	4	5	6
7	8	9	10	11	12	13
14	15	16	17	18	19	20
21	22	23	24	25	26	27
28	29	30	31			

THAT'S *important* THIS *week*

19
Saturday

20
Sunday

MO	○	○	○	○
TU	○	○	○	○
WE	○	○	○	○
TH	○	○	○	○
FR	○	○	○	○
SA	○	○	○	○
SU	○	○	○	○

22
Tuesday

23
Wednesday

Notes
What not to forget, what to remember

24
Thursday

25
Friday

Dec.
2020

MO	TU	WE	TH	FR	SA	SU
	1	2	3	4	5	6
7	8	9	10	11	12	13
14	15	16	17	18	19	20
21	22	23	24	25	26	27
28	29	30	31			

THAT'S *important* THIS *week*

26
Saturday

27
Sunday

MO

TU

WE

TH

FR

SA

SU

29
Tuesday

30
Wednesday

Notes
What not to forget, what to remember

31
Thursday

Dec.
2020

MO	TU	WE	TH	FR	SA	SU
	1	2	3	4	5	6
7	8	9	10	11	12	13
14	15	16	17	18	19	20
21	22	23	24	25	26	27
28	29	30	31			

THAT'S *important* THIS *week*

MO	○	○	○	○
TU	○	○	○	○
WE	○	○	○	○
TH	○	○	○	○
FR	○	○	○	○
SA	○	○	○	○
SU	○	○	○	○

Happy New Year

WELCOME 2021

2021

January

W	T	F	S	S
		1	2	3
6	7	8	9	10
13	14	15	16	17
20	21	22	23	24
27	28	29	30	31

February

M	T	W	T	F	S	S
1	2	3	4	5	6	7
8	9	10	11	12	13	14
15	16	17	18	19	20	21
22	23	24	25	26	27	28

March

W	T	F	S	S
3	4	5	6	7
10	11	12	13	14
17	18	19	20	21
24	25	26	27	28
31				

April

M	T	W	T	F	S	S
			1	2	3	4
5	6	7	8	9	10	11
12	13	14	15	16	17	18
19	20	21	22	23	24	25
26	27	28	29	30		

May

W	T	F	S	S
			1	2
5	6	7	8	9
12	13	14	15	16
19	20	21	22	23
26	27	28	29	30

June

M	T	W	T	F	S	S
	1	2	3	4	5	6
7	8	9	10	11	12	13
14	15	16	17	18	19	20
21	22	23	24	25	26	27
28	29	30				

July

W	T	F	S	S
	1	2	3	4
7	8	9	10	11
14	15	16	17	18
21	22	23	24	25
28	29	30	31	

August

M	T	W	T	F	S	S
						1
2	3	4	5	6	7	8
9	10	11	12	13	14	15
16	17	18	19	20	21	22
23	24	25	26	27	28	29
30	31					

Septembe

W	T	F	S	S
1	2	3	4	5
8	9	10	11	12
15	16	17	18	19
22	23	24	25	26
29	30			

October

M	T	W	T	F	S	S
				1	2	3
4	5	6	7	8	9	10
11	12	13	14	15	16	17
18	19	20	21	22	23	24
25	26	27	28	29	30	31

November

W	T	F	S	S
3	4	5	6	7
10	11	12	13	14
17	18	19	20	21
24	25	26	27	28

December

M	T	W	T	F	S	S
		1	2	3	4	5
6	7	8	9	10	11	12
13	14	15	16	17	18	19
20	21	22	23	24	25	26
27	28	29	30	31		

Space for your ideas!

www.ingramcontent.com/pod-product-compliance
Lightning Source LLC
Chambersburg PA
CBHW021422210526
45463CB00001B/490